ŒUVRES POSTHUMES

DU COMTE

ALFRED DE VIGNY

LIBRAIRIE DE MICHEL LÉVY FRÈRES, ÉDITEURS

ŒUVRES COMPLÈTES

DU COMTE

ALFRED DE VIGNY

NOUVELLE ÉDITION FORMAT IN-8°

Chaque volume se vend séparément

Cinq-Mars ou une Conjuration sous Louis XIII	Un volume.
Poésies complètes	Un volume.
Servitude et Grandeur militaires	Un volume.
Stello	Un volume.
Théatre complet	Un volume.

NOUVELLE ÉDITION FORMAT GRAND IN-18 EN CINQ VOLUMES

Chaque volume se vend séparément

PARIS. — IMPRIMERIE DE J. CLAYE, RUE SAINT-BENOIT, 7.

LES
DESTINÉES

POÈMES PHILOSOPHIQUES

PAR

LE Cte ALFRED DE VIGNY

PARIS

MICHEL LÉVY FRÈRES, LIBRAIRES ÉDITEURS

RUE VIVIENNE, 2 BIS, ET BOULEVARD DES ITALIENS, 15

A LA LIBRAIRIE NOUVELLE

—

M DCCC LXIV

Tous droits réservés

LES DESTINÉES

C'était écrit.

LES DESTINÉES.

Depuis le premier jour de la création,

Les pieds lourds et puissants de chaque Destinée

Pesaient sur chaque tête et sur toute action.

Chaque front se courbait et traçait sa journée,

Comme le front d'un bœuf creuse un sillon profond

Sans dépasser la pierre où sa ligne est bornée.

Ces froides déités liaient le joug de plomb
Sur le crâne et les yeux des hommes leurs esclaves.
Tous errants, sans étoile, en un désert sans fond;

Levant avec effort leurs pieds chargés d'entraves,
Suivant le doigt d'airain dans le cercle fatal,
Le doigt des Volontés inflexibles et graves.

Tristes divinités du monde oriental,
Femmes au voile blanc, immuables statues,
Elles nous écrasaient de leur poids colossal.

Comme un vol de vautours sur le sol abattues,
Dans un ordre éternel, toujours en nombre égal
Aux têtes des mortels sur la terre épandues.

Elles avaient posé leur ongle sans pitié
Sur les cheveux dressés des races éperdues,
Traînant la femme en pleurs et l'homme humilié.

Un soir il arriva que l'antique planète
Secoua sa poussière. — Il se fit un grand cri :
« Le Sauveur est venu, voici le jeune athlète,

« Il a le front sanglant et le côté meurtri.
« Mais la Fatalité meurt au pied du Prophète,
« La Croix monte et s'étend sur nous comme un abri ! »

Avant l'heure où, jadis, ces choses arrivèrent,
Tout homme était courbé, le front pâle et flétri.
Quand ce cri fut jeté, tous ils se relevèrent.

Détachant les nœuds lourds du joug de plomb du Sort,
Toutes les Nations à la fois s'écrièrent :
« O Seigneur! est-il vrai? le Destin est-il mort? »

Et l'on vit remonter vers le ciel, par volées,
Les filles du Destin ouvrant avec effort
Leurs ongles qui pressaient nos races désolées;

Sous leur robe aux longs plis voilant leurs pieds d'airain,
Leur main inexorable et leur face inflexible ;
Montant avec lenteur en innombrable essaim,

D'un vol inaperçu, sans ailes, insensible,
Comme apparaît, au soir, vers l'horizon lointain,
D'un nuage orageux l'ascension paisible.

— Un soupir de bonheur sortit du cœur humain ;

La terre frissonna dans son orbite immense,

Comme un cheval frémit délivré de son frein.

Tous les astres émus restèrent en silence,

Attendant avec l'Homme, en la même stupeur,

Le suprême décret de la Toute-Puissance.

Quand ces filles du ciel, retournant au Seigneur,

Comme ayant retrouvé leurs régions natales,

Autour de Jéhovah se rangèrent en chœur.

D'un mouvement pareil levant leurs mains fatales,

Puis chantant d'une voix leur hymne de douleur,

Et baissant à la fois leurs fronts calmes et pâles :

« Nous venons demander la Loi de l'avenir.

« Nous sommes, ô Seigneur, les froides Destinées

« Dont l'antique pouvoir ne devait point faillir.

« Nous roulions sous nos doigts les jours et les années :

« Devons-nous vivre encore ou devons-nous finir,

« Des Puissances du ciel, nous, les fortes aînées ?

« Vous détruisez d'un coup le grand piége du Sort

« Où tombaient tour à tour les races consternées.

« Faut-il combler la fosse et briser le ressort ?

« Ne mènerons-nous plus ce troupeau faible et morne,

« Ces hommes d'un moment, ces condamnés à mort,

« Jusqu'au bout du chemin dont nous posions la borne ?

« Le moule de la vie était creusé par nous.
« Toutes les passions y répandaient leur lave.
« Et les événements venaient s'y fondre tous.

« Sur les tables d'airain où notre loi se grave,
« Vous effacez le nom de la FATALITÉ,
« Vous déliez les pieds de l'homme notre esclave.

« Qui va porter le poids dont s'est épouvanté
« Tout ce qui fut créé? ce poids sur la pensée,
« Dont le nom est en bas : RESPONSABILITÉ ? »

———

Il se fit un silence, et la terre affaissée

S'arrêta comme fait la barque sans rameurs

Sur les flots orageux, dans la nuit balancée.

Une voix descendit, venant de ces hauteurs

Où s'engendrent, sans fin, les mondes dans l'espace ;

Cette voix, de la terre emplit les profondeurs :

« Retournez en mon nom, Reines, je suis la Grâce.

« L'homme sera toujours un nageur incertain

« Dans les ondes du temps qui se mesure et passe.

« Vous toucherez son front, ô filles du Destin !

« Son bras ouvrira l'eau, qu'elle soit haute ou basse,

« Voulant trouver sa place et deviner sa fin.

« Il sera plus heureux, se croyant maître et libre
« Et luttant contre vous dans un combat mauvais
« Où moi seule, d'en haut, je tiendrai l'équilibre.

« De moi naîtra son souffle et sa force à jamais.
« Son mérite est le mien, sa loi perpétuelle :
« Faire ce que je veux pour venir où JE SAIS. »

Et le chœur descendit vers sa proie éternelle.
Afin d'y ressaisir sa domination
Sur la race timide, incomplète et rebelle.

On entendit venir la sombre Légion
Et retomber les pieds des femmes inflexibles,
Comme sur nos caveaux tombe un cercueil de plomb.

Chacune prit chaque homme en ses mains invisibles ;
Mais, plus forte à présent, dans ce sombre duel,
Notre âme en deuil combat ces Esprits impassibles.

Nous soulevons parfois leur doigt faux et cruel.
La volonté transporte à des hauteurs sublimes
Notre front éclairé par un rayon du ciel.

Cependant sur nos caps, sur nos rocs, sur nos cimes,
Leur doigt rude et fatal se pose devant nous,
Et, d'un coup, nous renverse au fond des noirs abîmes.

LES DESTINÉES.

Oh! dans quel désespoir nous sommes encor tous!
Vous avez élargi le COLLIER qui nous lie,
Mais qui donc tient la chaine? — Ah! Dieu juste, est-ce vous?

Arbitre libre et fier des actes de sa vie,
Si notre cœur s'entr'ouvre au parfum des vertus,
S'il s'embrase à l'amour, s'il s'élève au génie.

Que l'ombre des Destins, Seigneur, n'oppose plus
A nos belles ardeurs une immuable entrave,
A nos efforts sans fin des coups inattendus!

O sujet d'épouvante à troubler le plus brave!
Question sans réponse où vos saints se sont tus!
O mystère! ô tourment de l'âme forte et grave!

Notre mot éternel est-il : C'ÉTAIT ÉCRIT?

SUR LE LIVRE DE DIEU, dit l'Orient esclave,

Et l'Occident répond : SUR LE LIVRE DU CHRIST.

Écrit au Maine-Giraud (Charente).

27 août 1849.

LA MAISON DU BERGER

LA MAISON DU BERGER.

A ÉVA.

I

Si ton cœur, gémissant du poids de notre vie,
Se traîne et se débat comme un aigle blessé,
Portant comme le mien, sur son aile asservie,
Tout un monde fatal, écrasant et glacé ;
S'il ne bat qu'en saignant par sa plaie immortelle,
S'il ne voit plus l'amour, son étoile fidèle,
Eclairer pour lui seul l'horizon effacé ;

Si ton âme enchaînée, ainsi que l'est mon âme,

Lasse de son boulet et de son pain amer,

Sur sa galère en deuil laisse tomber la rame,

Penche sa tête pâle et pleure sur la mer,

Et, cherchant dans les flots une route inconnue,

Y voit, en frissonnant, sur son épaule nue,

La lettre sociale écrite avec le fer ;

Si ton corps, frémissant des passions secrètes,

S'indigne des regards, timide et palpitant ;

S'il cherche à sa beauté de profondes retraites

Pour la mieux dérober au profane insultant ;

Si ta lèvre se sèche au poison des mensonges,

Si ton beau front rougit de passer dans les songes

D'un impur inconnu qui te voit et t'entend,

Pars courageusement, laisse toutes les villes ;
Ne ternis plus tes pieds aux poudres du chemin,
Du haut de nos pensers vois les cités serviles
Comme les rocs fatals de l'esclavage humain.
Les grands bois et les champs sont de vastes asiles,
Libres comme la mer autour des sombres îles.
Marche à travers les champs une fleur à la main.

La Nature t'attend dans un silence austère ;
L'herbe élève à tes pieds son nuage des soirs,
Et le soupir d'adieu du soleil à la terre
Balance les beaux lis comme des encensoirs.
La forêt a voilé ses colonnes profondes,
La montagne se cache, et sur les pâles ondes
Le saule a suspendu ses chastes reposoirs.

Le crépuscule ami s'endort dans la vallée,
Sur l'herbe d'émeraude et sur l'or du gazon,
Sous les timides joncs de la source isolée
Et sous le bois rêveur qui tremble à l'horizon,
Se balance en fuyant dans les grappes sauvages,
Jette son manteau gris sur le bord des rivages,
Et des fleurs de la nuit entr'ouvre la prison.

Il est sur ma montagne une épaisse bruyère
Où les pas du chasseur ont peine à se plonger,
Qui plus haut que nos fronts lève sa tête altière,
Et garde dans la nuit le pâtre et l'étranger.
Viens y cacher l'amour et ta divine faute ;
Si l'herbe est agitée ou n'est pas assez haute,
J'y roulerai pour toi la Maison du Berger.

Elle va doucement avec ses quatre roues,

Son toit n'est pas plus haut que ton front et tes yeux ;

La couleur du corail et celle de tes joues

Teignent le char nocturne et ses muets essieux.

Le seuil est parfumé, l'alcôve est large et sombre,

Et là, parmi les fleurs, nous trouverons dans l'ombre,

Pour nos cheveux unis, un lit silencieux.

Je verrai, si tu veux, les pays de la neige,

Ceux où l'astre amoureux dévore et resplendit,

Ceux que heurtent les vents, ceux que la mer assiége,

Ceux où le pôle obscur sous sa glace est maudit.

Nous suivrons du hasard la course vagabonde.

Que m'importe le jour ? que m'importe le monde ?

Je dirai qu'ils sont beaux quand tes yeux l'auront dit.

Que Dieu guide à son but la vapeur foudroyante
Sur le fer des chemins qui traversent les monts,
Qu'un Ange soit debout sur sa forge bruyante,
Quand elle va sous terre ou fait trembler les ponts
Et, de ses dents de feu, dévorant ses chaudières,
Transperce les cités et saute les rivières,
Plus vite que le cerf dans l'ardeur de ses bonds !

Oui, si l'Ange aux yeux bleus ne veille sur sa route,
Et le glaive à la main ne plane et la défend,
S'il n'a compté les coups du levier, s'il n'écoute
Chaque tour de la roue en son cours triomphant,
S'il n'a l'œil sur les eaux et la main sur la braise :
Pour jeter en éclats la magique fournaise,
Il suffira toujours du caillou d'un enfant.

Sur ce taureau de fer qui fume, souffle et beugle.
L'homme a monté trop tôt. Nul ne connaît encor
Quels orages en lui porte ce rude aveugle,
Et le gai voyageur lui livre son trésor;
Son vieux père et ses fils, il les jette en otage
Dans le ventre brûlant du taureau de Carthage,
Qui les rejette en cendre aux pieds du Dieu de l'or.

Mais il faut triompher du temps et de l'espace.
Arriver ou mourir. Les marchands sont jaloux.
L'or pleut sous les charbons de la vapeur qui passe.
Le moment et le but sont l'univers pour nous.
Tous se sont dit : « Allons ! » — mais aucun n'est le maître
Du dragon mugissant qu'un savant a fait naître ;
Nous nous sommes joués à plus fort que nous tous.

Eh bien! que tout circule et que les grandes causes
Sur des ailes de feu lancent les actions,
Pourvu qu'ouverts toujours aux généreuses choses
Les chemins du vendeur servent les passions.
Béni soit le Commerce au hardi caducée,
Si l'Amour que tourmente une sombre pensée
Peut franchir en un jour deux grandes nations.

Mais à moins qu'un ami menacé dans sa vie
Ne jette, en appelant, le cri du désespoir,
Ou qu'avec son clairon la France nous convie
Aux fêtes du combat, aux luttes du savoir;
A moins qu'au lit de mort une mère éplorée
Ne veuille encor poser sur sa race adorée
Ces yeux tristes et doux qu'on ne doit plus revoir,

Évitons ces chemins. — Leur voyage est sans grâces,

Puisqu'il est aussi prompt, sur ses lignes de fer,

Que la flèche lancée à travers les espaces

Qui va de l'arc au but en faisant siffler l'air.

Ainsi jetée au loin, l'humaine créature

Ne respire et ne voit, dans toute la nature,

Qu'un brouillard étouffant que traverse un éclair.

On n'entendra jamais piaffer sur une route

Le pied vif du cheval sur les pavés en feu;

Adieu, voyages lents, bruits lointains qu'on écoute,

Le rire du passant, les retards de l'essieu,

Les détours imprévus des pentes variées,

Un ami rencontré, les heures oubliées,

L'espoir d'arriver tard dans un sauvage lieu.

La distance et le temps sont vaincus. La science
Trace autour de la terre un chemin triste et droit.
Le Monde est rétréci par notre expérience
Et l'équateur n'est plus qu'un anneau trop étroit.
Plus de hasard. Chacun glissera sur sa ligne
Immobile au seul rang que le départ assigne,
Plongé dans un calcul silencieux et froid.

Jamais la Rêverie amoureuse et paisible
N'y verra sans horreur son pied blanc attaché;
Car il faut que ses yeux sur chaque objet visible
Versent un long regard, comme un fleuve épanché;
Qu'elle interroge tout avec inquiétude,
Et, des secrets divins se faisant une étude,
Marche, s'arrête et marche avec le col penché.

II

Poésie! ô trésor! perle de la pensée!
Les tumultes du cœur, comme ceux de la mer,
Ne sauraient empêcher ta robe nuancée
D'amasser les couleurs qui doivent te former.
Mais sitôt qu'il te voit briller sur un front mâle,
Troublé de ta lueur mystérieuse et pâle,
Le vulgaire effrayé commence à blasphémer,

Le pur enthousiasme est craint des faibles âmes
Qui ne sauraient porter son ardeur ni son poids.
Pourquoi le fuir? — La vie est double dans les flammes.
D'autres flambeaux divins nous brûlent quelquefois :
C'est le Soleil du ciel, c'est l'Amour, c'est la Vie ;
Mais qui de les éteindre a jamais eu l'envie?
Tout en les maudissant, on les chérit tous trois.

La Muse a mérité les insolents sourires
Et les soupçons moqueurs qu'éveille son aspect.
Dès que son œil chercha le regard des satyres,
Sa parole trembla, son serment fut suspect,
Il lui fut interdit d'enseigner la sagesse.
Au passant du chemin elle criait : « Largesse ! »
Le passant lui donna sans crainte et sans respect.

Ah! fille sans pudeur! fille de saint Orphée,
Que n'as-tu conservé ta belle gravité!
Tu n'irais pas ainsi, d'une voix étouffée,
Chanter aux carrefours impurs de la cité.
Tu n'aurais pas collé sur le coin de ta bouche
Le coquet madrigal, piquant comme une mouche,
Et, près de ton œil bleu, l'équivoque effronté.

Tu tombas dès l'enfance, et, dans la folle Grèce,
Un vieillard, t'enivrant de son baiser jaloux,
Releva le premier ta robe de prêtresse,
Et, parmi les garçons, t'assit sur ses genoux.
De ce baiser mordant ton front porte la trace;
Tu chantas en buvant dans les banquets d'Horace,
Et Voltaire à la cour te traîna devant nous.

Vestale aux feux éteints! les hommes les plus graves
Ne posent qu'à demi ta couronne à leur front;
Ils se croient arrêtés, marchant dans tes entraves,
Et n'être que poëte est pour eux un affront.
Ils jettent leurs pensers aux vents de la tribune,
Et ces vents, aveuglés comme l'est la fortune,
Les rouleront comme elle et les emporteront.

Ils sont fiers et hautains dans leur fausse attitude;
Mais le sol tremble aux pieds de ces tribuns romains.
Leurs discours passagers flattent avec étude
La foule qui les presse et qui leur bat des mains;
Toujours renouvelé sous ses étroits portiques,
Ce parterre ne jette aux acteurs politiques
Que des fleurs sans parfums, souvent sans lendemains.

Ils ont pour horizon leur salle de spectacle ;
La chambre où ces élus donnent leurs faux combats
Jette en vain, dans son temple, un incertain oracle,
Le peuple entend de loin le bruit de leurs débats ;
Mais il regarde encor le jeu des assemblées
De l'œil dont ses enfants et ses femmes troublées
Voient le terrible essai des vapeurs aux cent bras.

L'ombrageux paysan gronde à voir qu'on détolle,
Et que pour le scrutin on quitte le labour.
Cependant le dédain de la chose immortelle
Tient jusqu'au fond du cœur quelque avocat d'un jour.
Lui qui doute de l'âme, il croit à ses paroles.
Poésie, il se rit de tes graves symboles,
O toi des vrais penseurs impérissable amour !

Comment se garderaient les profondes pensées

Sans rassembler leurs feux dans ton diamant pur

Qui conserve si bien leurs splendeurs condensées ?

Ce fin miroir solide, étincelant et dur,

Reste des nations mortes, durable pierre

Qu'on trouve sous ses pieds lorsque dans la poussière

On cherche les cités sans en voir un seul r . .

Diamant sans rival, que tes feux illuminent

Les pas lents et tardifs de l'humaine Raison !

Il faut pour voir de loin les peuples qui cheminent

Que le Berger l'enchâsse au toit de sa Maison.

Le jour n'est pas levé. — Nous en sommes encore

Au premier rayon blanc qui précède l'aurore

Et dessine la terre aux bords de l'horizon.

Les peuples tout enfants à peine se découvrent
Par-dessus les buissons nés pendant leur sommeil,
Et leur main, à travers les ronces qu'ils entr'ouvrent,
Met aux coups mutuels le premier appareil.
La barbarie encor tient nos pieds dans sa gaine.
Le marbre des vieux temps jusqu'aux reins nous enchaîne,
Et tout homme énergique au dieu Terme est pareil.

Mais notre esprit rapide en mouvements abonde,
Ouvrons tout l'arsenal de ses puissants ressorts.
L'invisible est réel. Les âmes ont leur monde
Où sont accumulés d'impalpables trésors.
Le Seigneur contient tout dans ses deux bras immenses,
Son Verbe est le séjour de nos intelligences,
Comme ici-bas l'espace est celui de nos corps.

III

Éva, qui donc es-tu? Sais-tu bien ta nature?
Sais-tu quel est ici ton but et ton devoir?
Sais-tu que, pour punir l'homme, sa créature,
D'avoir porté la main sur l'arbre du savoir,
Dieu permit qu'avant tout, de l'amour de soi-même
En tout temps, à tout âge, il fît son bien suprême,
Tourmenté de s'aimer, tourmenté de se voir?

Mais, si Dieu près de lui t'a voulu mettre, ô femme!

Compagne délicate! Éva! sais-tu pourquoi?

C'est pour qu'il se regarde au miroir d'une autre âme,

Qu'il entende ce chant qui ne vient que de toi :

— L'enthousiasme pur dans une voix suave.

C'est afin que tu sois son juge et son esclave

Et règnes sur sa vie en vivant sous sa loi.

Ta parole joyeuse a des mots despotiques,

Tes yeux sont si puissants, ton aspect est si fort,

Que les rois d'Orient ont dit dans leurs cantiques

Ton regard redoutable à l'égal de la mort ;

Chacun cherche à fléchir tes jugements rapides...

— Mais ton cœur, qui dément tes formes intrépides,

Cède sans coup férir aux rudesses du sort.

Ta pensée a des bonds comme ceux des gazelles,
Mais ne saurait marcher sans guide et sans appui.
Le sol meurtrit ses pieds, l'air fatigue ses ailes,
Son œil se ferme au jour dès que le jour a lui ;
Parfois, sur les hauts lieux d'un seul élan posée,
Troublée au bruit des vents, ta mobile pensée
Ne peut seule y veiller sans crainte et sans ennui.

Mais aussi tu n'as rien de nos lâches prudences,
Ton cœur vibre et résonne au cri de l'opprimé,
Comme dans une église aux austères silences
L'orgue entend un soupir et soupire alarmé.
Tes paroles de feu meuvent les multitudes,
Tes pleurs lavent l'injure et les ingratitudes,
Tu pousses par le bras l'homme... il se lève armé.

C'est à toi qu'il convient d'ouïr les grandes plaintes
Que l'humanité triste exhale sourdement.
Quand le cœur est gonflé d'indignations saintes,
L'air des cités l'étouffe à chaque battement.
Mais de loin les soupirs des tourmentes civiles,
S'unissant au-dessus du charbon noir des villes,
Ne forment qu'un grand mot qu'on entend clairement.

Viens donc, le ciel pour moi n'est plus qu'une auréole
Qui t'entoure d'azur, t'éclaire et te défend ;
La montagne est ton temple et le bois sa coupole,
L'oiseau n'est sur la fleur balancé par le vent,
Et la fleur ne parfume et l'oiseau ne soupire
Que pour mieux enchanter l'air que ton sein respire ;
La terre est le tapis de tes beaux pieds d'enfant.

Éva, j'aimerai tout dans les choses créées,

Je les contemplerai dans ton regard rêveur

Qui partout répandra ses flammes colorées,

Son repos gracieux, sa magique saveur :

Sur mon cœur déchiré viens poser ta main pure,

Ne me laisse jamais seul avec la Nature;

Car je la connais trop pour n'en pas avoir peur.

Elle me dit : « Je suis l'impassible théâtre

Que ne peut remuer le pied de ses acteurs;

Mes marches d'émeraude et mes parvis d'albâtre,

Mes colonnes de marbre ont les dieux pour sculpteurs.

Je n'entends ni vos cris ni vos soupirs; à peine

Je sens passer sur moi la comédie humaine

Qui cherche en vain au ciel ses muets spectateurs.

« Je roule avec dédain, sans voir et sans entendre
A côté des fourmis les populations ;
Je ne distingue pas leur terrier de leur cendre,
J'ignore en les portant les noms des nations.
On me dit une mère et je suis une tombe....
Mon hiver prend vos morts comme son hécatombe,
Mon printemps ne sent pas vos adorations.

« Avant vous j'étais belle et toujours parfumée,
J'abandonnais au vent mes cheveux tout entiers,
Je suivais dans les cieux ma route accoutumée,
Sur l'axe harmonieux des divins balanciers.
Après vous, traversant l'espace où tout s'élance,
J'irai seule et sereine, en un chaste silence
Je fendrai l'air du front et de mes seins altiers. »

C'est là ce que me dit sa voix triste et superbe,

Et dans mon cœur alors je la hais et je vois

Notre sang dans son onde et nos morts sous son herbe

Nourrissant de leurs sucs la racine des bois.

Et je dis à mes yeux qui lui trouvaient des charmes :

Ailleurs tous vos regards, ailleurs toutes vos larmes,

Aimez ce que jamais on ne verra deux fois.

Oh ! qui verra deux fois ta grâce et ta tendresse,

Ange doux et plaintif qui parle en soupirant ?

Qui naîtra comme toi portant une caresse

Dans chaque éclair tombé de ton regard mourant,

Dans les balancements de ta tête penchée,

Dans ta taille indolente et mollement couchée,

Et dans ton pur sourire amoureux et souffrant ?

Vivez, froide Nature, et revivez sans cesse

Sous nos pieds, sur nos fronts, puisque c'est votre loi;

Vivez, et dédaignez, si vous êtes déesse,

L'homme, humble passager, qui dut vous être un roi;

Plus que tout votre règne et que ses splendeurs vaines,

J'aime la majesté des souffrances humaines;

Vous ne recevrez pas un cri d'amour de moi.

Mais toi, ne veux-tu pas, voyageuse indolente,

Rêver sur mon épaule, en y posant ton front?

Viens du paisible seuil de la maison roulante

Voir ceux qui sont passés et ceux qui passeront.

Tous les tableaux humains qu'un Esprit pur m'apporte

S'animeront pour toi quand, devant notre porte,

Les grands pays muets longuement s'étendront.

Nous marcherons ainsi, ne laissant que notre ombre

Sur cette terre ingrate où les morts ont passé;

Nous nous parlerons d'eux à l'heure où tout est sombre,

Où tu te plais à suivre un chemin effacé,

A rêver, appuyée aux branches incertaines,

Pleurant, comme Diane au bord de ses fontaines,

Ton amour taciturne et toujours menacé.

LES ORACLES

LES ORACLES.

DESTINÉE D'UN ROI.

I

Ainsi je t'appelais au port et sur la terre
Fille de l'Océan, je te montrais mes bois.
J'y roulais la maison errante et solitaire.
— Des dogues révoltés j'entendais les abois.
— Je voyais, au sommet des longues galeries,
L'anonyme drapeau des vieilles Tuileries
Déchiré sur le front du dernier des vieux rois.

II

L'oracle est à présent dans l'air et dans la rue.
Le passant au passant montre au ciel tout point noir.
Nous-même en mon désert nous lisions dans la nue,
Quatre ar avant l'éclair fatal. — Mais le pouvoir
S'enferme en sa doctrine, et, dans l'ombre, il calcule
Les problèmes sournois du jeu de sa bascule,
N'entend rien, ne sait rien et ne veut pas savoir.

III

C'était l'an du Seigneur où les songes livides
Écrivaient sur les murs les trois mots flamboyants;

Et l'heure où les sultans, seuls sur leurs trônes vides,

Disent au ciel muet : « Où sont mes vrais croyants ? »

— Le temps était venu des sept maigres génisses.

Mais en vain tous les yeux lisaient dans les auspices,

L'aveugle Pharaon dédaignait les voyants.

IV

Ulysse avait connu les hommes et les villes,

Sondé le lac de sang des révolutions,

Des saints et des héros les cœurs faux et serviles,

Et le sable mouvant des constitutions.

— Et pourtant, un matin, des royales demeures,

Comme un autre en trois jours, il tombait en trois heures,

Sous le vent empesté des déclamations.

V

Les parlements jouaient aux tréteaux populaires,
A l'assaut du pouvoir par l'applaudissement.
Leur tribune savait, par de feintes colères,
Terrasser la raison sous le raisonnement.
Mais leurs coups secouaient la poutre et le cordage,
Et le frêle tréteau de leur échafaudage
Un jour vint à crier et croula lourdement.

VI

Les doctrines croisaient leurs glaives de Chimères
Devant des spectateurs gravement assoupis.

Quand les lambris tombaient sur eux, ces gens austères
Ferraillaient comme Hamlet, sous la table accroupis;
Poursuivant, comme un rat, l'argument en détresse,
Ces fous, qui distillaient et vendaient la sagesse,
Tuaient Polonius à travers le tapis.

VII

O de tous les grands cœurs déesses souveraines,
Qu'avez-vous dit alors, ô Justice, ô Raison!
Quand, par ce long travail des ruses souterraines,
Sur le maître étonné s'effondra la maison,
Sous le trône écrasa le divan doctrinaire
Et l'écu d'Orléans, qu'on croyait populaire
Parce qu'il n'avait plus fleur de lis ni blason?

VIII

Reines de mes pensers, ô Raison! ô Justice!

Vous avez déployé vos balances d'acier

Pour peser ces esprits d'audace et d'artifice

Que le Destin venait enfin d'humilier,

Quand son glaive, en coupant le faisceau des intrigues

Trancha le nœud gordien des tortueuses ligues

Que leurs ongles savaient lier et délier.

IX

Vous avez dit alors, de votre voix sévère :

« Malheur à vos amis, comme à vos alliés,

LES ORACLES.

Sophistes qui parlez d'un ton de sermonnaire !
Il a croulé, *ce sol qui tremblait sous vos pieds.*
Mais tomber est trop doux pour l'homme à tous funeste ;
De la punition vous subirez le reste,
Corrupteurs ! vos délits furent mal expiés.

X

« Maîtres en longs discours à flots intarissables !
Vous qui tout enseignez, n'aviez-vous rien appris ?
Toute démocratie est un désert de sables ;
Il y fallait bâtir, si vous l'eussiez compris.
Ce n'était pas assez d'y dresser quelques tentes
Pour un tournoi d'intrigue et de manœuvres lentes
Que le souffle de flamme un matin a surpris.

XI

« Vous avez conservé vos vanités, vos haines,

Au fond du grand abîme où vous êtes couchés,

Comme les corps trouvés sous les cendres romaines

Debout, sous les caveaux de Pompéia cachés,

L'œil fixe, lèvre ouverte et la main étendue,

Cherchant encor dans l'air leur parole perdue,

Et s'évanouissant sitôt qu'ils sont touchés.

XII

« Partout où vous irez, froids, importants et fourbes,

Vous porterez le trouble. Un des sentiers étroits

Des coalitions suivant les lignes courbes,

Traçant de faux devoirs et frappant de vrais droits,

Gonflés d'orgueil mondain et d'ambitions folles,

Imposant par le poids de vos âpres paroles

A l'humble courageux la plus lourde des croix.

XIII

« Peuple et rois ont connu quels conseillers vous êtes,

Quand, sous votre ombre, en vain votre prince abrité,

Aux murs du grand banquet et des funestes fêtes,

Cherchant quelque lumière en votre obscurité,

Lut ces mots que nos mains gravèrent sur la pierre,

Comme autrefois Cromwell sur sa rouge bannière :

Et nunc, reges mundi, nunc intelligite. »

24 février 1862.

POST-SCRIPTUM.

I

Mais pourquoi de leur cendre évoquer ces journées
Que les dédains publics effacent en passant?
Entre elles et ce jour ont marché douze années;
Oublions et la faute et la fuite et le sang,
Et les corruptions des pâles adversaires.
— Non. Dans l'histoire il est de noirs anniversaires
Dont le spectre revient pour troubler le présent.

II

Il revient quand l'orgueil des obstinés coupables
Sort du limon confus des révolutions
Où pêle-mêle on voit tomber les incapables,
Pour nous montrer encor ses vieilles passions
Et hurler à grands cris quelque sombre horoscope.
En observant la vase aux feux d'un microscope,
On voit dans les serpents ces agitations.

III

S'agiter et blesser est l'instinct des vipères.
L'homme ainsi contre l'homme a son instinct fatal,

Il retourne ses dards et nourrit ses colères
Au réservoir caché de son poison natal.
Dans quelque cercle obscur qu'on les ait vus descendre,
Homme ou serpent blottis sous le verre ou la cendre
Mordront le diamant ou mordront le cristal.

IV

Le cristal, c'est la vue et la clarté du Juste,
Du principe éternel de toute vérité,
L'examen de soi-même au tribunal auguste
Où la raison, l'honneur, la bonté, l'équité,
La prévoyance à l'œil rapide et la science
Délibèrent en paix devant la conscience
Qui, jugeant l'action, régit la liberté.

V

Toujours, sur ce cristal, rempart des grandes âmes,
La langue du sophiste ira heurter son dard.
Qu'il se morde lui-même en ses détours infâmes,
Qu'il rampe, aveugle et sourd, dans l'éternel brouillard.
Oublié, méprisé, qu'il conspire et se torde,
Ignorant le vrai beau, qu'il le souille et qu'il morde
Ce diamant que cherche en vain son faux regard.

VI

Le Diamant ! c'est l'art des choses idéales,
Et ses rayons d'argent, d'or, de pourpre et d'azur,

Ne cessent de lancer les deux lueurs égales

Des pensers les plus beaux, de l'amour le plus pur.

Il porte du génie et transmet les empreintes.

Oui, de ce qui survit aux nations éteintes,

C'est lui le plus brillant trésor et le plus dur.

28 mars 1862.

LA SAUVAGE

LA SAUVAGE.

I

Solitudes que Dieu fit pour le Nouveau Monde.
Forêts, vierges encor, dont la voûte profonde
A d'éternelles nuits que les brûlants soleils
N'éclairent qu'en tremblant par deux rayons vermeils

(Car le couchant peut seul et seule peut l'aurore
Glisser obliquement aux pieds du sycomore),
Pour qui, dans l'abandon, soupirent vos cyprès?
Pour qui sont épaissis ces joncs luisants et frais?
Quels pas attendez-vous pour fouler vos prairies?
De quels peuples éteints étiez-vous les patries?
Les pieds de vos grands pins, si jeunes et si forts,
Sont-ils entrelacés sur la tête des morts?
Et vos gémissements sortent-ils de ces urnes
Que trouve l'Indien sous ses pas taciturnes?
Et ces bruits du désert, dans la plaine entendus,
Est-ce un soupir dernier des royaumes perdus?
Votre nuit est bien sombre et le vent seul murmure.
Une peur inconnue accable la nature.
Les oiseaux sont cachés dans le creux des pins noirs,

Et tous les animaux ferment leurs reposoirs

Sous l'écorce, ou la mousse, ou parmi les racines,

Ou dans le creux profond des vieux troncs en ruines.

— L'orage sonne au loin, le bois va se courber,

De larges gouttes d'eau commencent à tomber ;

Le combat se prépare et l'immense ravage

Entre la nue ardente et la forêt sauvage.

II

— Qui donc cherche sa route en ces bois ténébreux ?

Une pauvre Indienne au visage fiévreux,

Pâle et portant au sein un faible enfant qui pleure;

Sur un sapin tombé, pont tremblant qu'elle effleure,

Elle passe, et sa main tient sur l'épaule un poids

Qu'elle baise; autre enfant pendu comme un carquois.

Malgré sa volonté, sa jeunesse et sa force,

Elle frissonne encor sous le pagne d'écorce

Et tient sur ses deux fils la laine aux plis épais,

Sa tunique et son lit dans la guerre et la paix.

— Après avoir longtemps examiné les herbes

Et la trace des pieds sur leurs épaisses gerbes

Ou sur le sable fin des ruisseaux abondants,

Elle s'arrête et cherche avec des yeux ardents

Quel chemin a suivi dans les feuilles froissées

L'homme de la *Peau-Rouge* aux guerres insensées.

Comme la lice errante, affamée et chassant,

LA SAUVAGE.

Elle flaire l'odeur du sauvage passant,

Indien, ennemi de sa race indienne,

Et de qui la famille a massacré la sienne.

Elle écoute, regarde et respire à la fois

La marche des Hurons sur les feuilles des bois;

Un cri lointain l'effraye, et dans la forêt verte

Elle s'enfonce enfin par une route ouverte.

Elle sait que les blancs, par le fer et le feu,

Ont troué ces grands bois semés des mains de Dieu,

Et, promenant au loin la flamme qui calcine,

Pour labourer la terre ont brûlé la racine,

L'arbre et les joncs touffus que le fleuve arrosait.

Ces Anglais qu'autrefois sa tribu méprisait

Sont maîtres sur sa terre, et l'Osage indocile

Va chercher leur foyer pour demander asile.

III

Elle entre en une allée où d'abord elle voit
La barrière d'un parc. — Un chemin large et droit
Conduit à la maison de forme britannique,
Où le bois est cloué dans les angles de brique
Où le toit invisible entre un double rempart
S'enfonce, où le charbon fume de toute part,

Où tout est clos et sain, où vient blanche et luisante
S'unir à l'ordre froid la propreté décente.
Fermée à l'ennemi, la maison s'ouvre au jour,
Légère comme un kiosk, forte comme une tour.
Le chien de Terre-Neuve y hurle près des portes,
Et des blonds serviteurs les agiles cohortes
S'empressent en silence aux travaux familiers,
Et, les plateaux en main, montent les escaliers.
Deux filles de six ans aux lèvres ingénues
Attachaient des rubans sur leurs épaules nues ;
Mais, voyant l'Indienne, elles courent ; leur main
L'appelle et l'introduit par le large chemin
Dont elles ont ouvert, à deux bras, la barrière ;
Et caressant déjà la pâle aventurière :
« As-tu de beaux colliers d'azaléa pour nous ?

« Ces mocassins musqués, si jolis et si doux,

« Que ma mère à ses pieds ne veut d'autre chaussure?

« Et les peaux de castor, les a-t-on sans morsure?

« Vends-tu le lait des noix et la sagamité[1]?

« Le pain anglais n'a pas tant de suavité.

« C'est Noël, aujourd'hui, Noël est notre fête,

« A nous, enfants; vois-tu? la Bible est déjà prête;

« Devant l'orgue ma mère et nos sœurs vont s'asseoir,

« Mon frère est sur la porte et mon père au parloir. »

L'Indienne aux grands yeux leur sourit sans répondre,

Regarde tristement cette maison de Londre

Que le vent malfaiteur apporta dans ses bois,

Au lieu d'y balancer le hamac d'autrefois.

---

1. Pâte de maïs.

Mais elle entre à grands pas, de cet air calme et grave
Près duquel tout regard est un regard d'esclave.

Le parloir est ouvert, un pupitre au milieu ;
Le Père y lit la Bible à tous les gens du lieu.
Sa femme et ses enfants sont debout et l'écoutent,
Et des chasseurs de daims, que les Hurons redoutent,
Défricheurs de forêt et tueurs de bison,
Valets et laboureurs, composent la maison.

Le Maître est jeune et blond, vêtu de noir, sévère
D'aspect et d'un maintien qui veut qu'on le révère.
L'Anglais-Américain, nomade et protestant,
Pontife en sa maison y porte, en l'habitant,
Un seul livre et partout où, pour l'heure, il réside,

De toute question sa papauté décide ;
Sa famille est croyante et, sans autel, il sert,
Prêtre et père à la fois, son Dieu dans un désert.

Celui qui règne ici d'une façon hautaine
N'a point voulu parer sa maison puritaine ;
Mais l'œil trouve un miroir sur les aciers brunis,
La main se réfléchit sur les meubles vernis ;
Nul tableau sur les murs ne fait briller l'image
D'un pays merveilleux, d'un grand homme ou d'un sage ;
Mais, sous un cristal pur, orné d'un noir feston,
Un billet en dix mots qu'écrivit Washington.
Quelques livres rangés, dont le premier, Shakspeare
(Car des deux bords anglais ses deux pieds ont l'empire),
Attendent dans un angle, à leur taille ajusté,

Les lectures du soir et les heures du thé.

Tout est prêt et rangé dans sa juste mesure,

Et la maîtresse, assise au coin d'une embrasure,

D'un sourire angélique et d'un doigt gracieux

Fait signe à ses enfants de baisser leurs beaux yeux.

IV

— La sauvage Indienne au milieu d'eux s'avance :

« Salut, maître. Moi, femme, et seule en ta présence,

Je te viens demander asile en ta maison.

Nourris mes deux enfants ; tiens-moi dans ta prison,

Esclave de tes fils et de tes filles blanches.
Car ma tribu n'est plus, et ses dernières branches
Sont mortes. Les Hurons, cette nuit, ont scalpé
Mes frères ; mon mari ne s'est point échappé.
Nos hameaux sont brûlés comme aussi la prairie.
J'ai sauvé mes deux fils à travers la tuerie ;
Je n'ai plus de hamac, je n'ai plus de maïs,
Je n'ai plus de parents, je n'ai plus de pays. »
— Elle dit sans pleurer et sur le seuil se pose.
Sans que sa ferme voix ajoute aucune chose.

Le Maître, d'un regard intelligent, humain,
Interroge sa femme en lui serrant la main.
« Ma sœur, dit-il ensuite, entre dans ma famille ;
Tes pères ne sont plus ; que leur dernière fille

Soit sous mon toit solide accueillie, et chez moi
Tes enfants grandiront innocents comme toi.
Ils apprendront de nous, travailleurs, que la terre
Est sacrée et confère un droit héréditaire
A celui qui la sert de son bras endurci.
Caïn le laboureur a sa revanche ici.
Et le chasseur Abel va, dans ses forêts vides,
Voir errer et mourir ses familles livides.
Comme des loups perdus qui se mordent entre eux,
Aveuglés par la rage, affamés, malheureux,
Sauvages animaux sans but, sans loi, sans âme,
Pour avoir dédaigné le Travail et la Femme.

« Hommes à la peau rouge! Enfants, qu'avez-vous fait?
Dans l'air d'une maison votre cœur étouffait,

Vous haïssiez la paix, l'ordre et les lois civiles
Et la sainte union des peuples dans les villes.
Et vous voilà cernés dans l'anneau grandissant.
C'est la loi qui, sur vous, s'avance en vous pressant.
La loi d'Europe est lourde, impassible et robuste;
Mais son cercle est divin, car au centre est le Juste.
Sur les deux bords des mers vois-tu de tout côté
S'établir lentement cette grave beauté?
Prudente fée, elle a, dans sa marche cyclique,
Sur chacun de ses pas mis une république.
Elle dit, en fondant chaque neuve cité :
« Vous m'appelez la Loi, je suis la Liberté. »
Sur le haut des grands monts, sur toutes les collines,
De la Louisiane aux deux sœurs Carolines,
L'œil de l'Européen qui l'aime et la connaît

LA SAUVAGE.

Sait voir planer de loin sa pique et son bonnet,
Son bonnet phrygien, cette pourpre où s'attache,
Pour abattre les bois, une puissante hache.
Moi, simple pionnier, au nom de la raison
J'ai planté cette pique au seuil de ma maison.
Et j'ai, tout au milieu des forêts inconnues,
Avec ce fer de hache ouvert des avenues ;
Mes fils, puis, après eux, leurs fils et leurs neveux
Faucheront tout le reste avec leurs bras nerveux.
Et la terre où je suis doit être aussi leur terre.
Car de la sainte Loi tel est le caractère
Qu'elle a de la Nature interprété les cris.
Tourne sur tes enfants tes grands yeux attendris,
Ma sœur, et sur ton sein. — Cherche bien si la vie
Y coule pour toi seule. — Es-tu donc assouvie

Quand brille la santé sur ton front triomphant?
— Que dit le sein fécond de la mère à l'enfant?
Que disent, en tombant des veines azurées,
Que disent en courant les gouttes épurées?
Que dit le cœur qui bat et les pousse à grands flots?
— Ah! le sein et le cœur, dans leurs divins sanglots
Où les soupirs d'amour aux douleurs se confondent,
Aux morsures d'enfant le cœur, le sein répondent :
« A toi mon âme, à toi ma vie, à toi mon sang
« Qui du cœur de ma mère au fond du tien descend.
« Et n'a passé par moi, par mes chastes mamelles,
« Qu'issu du philtre pur des sources maternelles;
« Que tout ce qui fut mien soit tien, ainsi que lui! »

. . . .

« Oui! dit la blonde Anglaise en l'interrompant. — Oui! »

Répéta l'Indienne en offrant le breuvage
De son sein nud et brun à son enfant sauvage.
Tandis que l'autre fils lui tendait les deux bras.

« — Sois donc notre convive, avec nous tu vivras,
Poursuivit le jeune homme, et peut-être, chrétienne
Un jour, ma forte loi, femme, sera la tienne.
Et tu célébreras avec nous, tes amis,
La fête de Noël au foyer de tes fils. »

1843.

LA COLÈRE DE SAMSON

LA COLÈRE DE SAMSON.

Le désert est muet, la tente est solitaire.
Quel pasteur courageux la dressa sur la terre
Du sable et des lions? — La nuit n'a pas calmé
La fournaise du jour dont l'air est enflammé.
Un vent léger s'élève à l'horizon et ride
Les flots de la poussière ainsi qu'un lac limpide.
Le lin blanc de la tente est bercé mollement;

L'œuf d'autruche, allumé, veille paisiblement,
Des voyageurs voilés intérieure étoile,
Et jette longuement deux ombres sur la toile.

L'une est grande et superbe, et l'autre est à ses pieds :
C'est Dalila, l'esclave, et ses bras sont liés
Aux genoux réunis du maître jeune et grave
Dont la force divine obéit à l'esclave.
Comme un doux léopard elle est souple et répand
Ses cheveux dénoués aux pieds de son amant.
Ses grands yeux, entr'ouverts comme s'ouvre l'amande,
Sont brûlants du plaisir que son regard demande,
Et jettent, par éclats, leurs mobiles lueurs.
Ses bras fins tout mouillés de tièdes sueurs,
Ses pieds voluptueux qui sont croisés sous elle,

LA COLÈRE DE SAMSON.

Ses flancs, plus élancés que ceux de la gazelle,
Pressés de bracelets, d'anneaux, de boucles d'or,
Sont bruns, et, comme il sied aux filles de Hatsor,
Ses deux seins, tout chargés d'amulettes anciennes,
Sont chastement pressés d'étoffes syriennes.

Les genoux de Samson fortement sont unis
Comme les deux genoux du colosse Anubis.
Elle s'endort sans force et riante et bercée
Par la puissante main sous sa tête placée.
Lui, murmure le chant funèbre et douloureux
Prononcé dans la gorge avec des mots hébreux.
Elle ne comprend pas la parole étrangère,
Mais le chant verse un somme en sa tête légère.

« Une lutte éternelle en tout temps, en tout lieu,
Se livre sur la terre, en présence de Dieu,
Entre la bonté d'Homme et la ruse de Femme,
Car la femme est un être impur de corps et d'âme.

L'Homme a toujours besoin de caresse et d'amour,
Sa mère l'en abreuve alors qu'il vient au jour,
Et ce bras le premier l'engourdit, le balance
Et lui donne un désir d'amour et d'indolence.
Troublé dans l'action, troublé dans le dessein,
Il rêvera partout à la chaleur du sein,
Aux chansons de la nuit, aux baisers de l'aurore,
A la lèvre de feu que sa lèvre dévore,
Aux cheveux dénoués qui roulent sur son front,
Et les regrets du lit, en marchant, le suivront.

LA COLÈRE DE SAMSON.

Il ira dans la ville, et, là, les vierges folles
Le prendront dans leurs lacs aux premières paroles.
Plus fort il sera né, mieux il sera vaincu,
Car plus le fleuve est grand et plus il est ému.
Quand le combat que Dieu fit pour la créature
Et contre son semblable et contre la nature
Force l'Homme à chercher un sein où reposer,
Quand ses yeux sont en pleurs, il lui faut un baiser.
Mais il n'a pas encor fini toute sa tâche.
Vient un autre combat plus secret, traître et lâche;
Sous son bras, sous son cœur se livre celui-là,
Et, plus ou moins, la Femme est toujours DALILA.

Elle rit et triomphe, en sa froideur savante,
Au milieu de ses sœurs elle attend et se vante

De ne rien éprouver des atteintes du feu.

A sa plus belle amie elle en a fait l'aveu :

« Elle se fait aimer sans aimer elle-même ;

« Un maître lui fait peur. C'est le plaisir qu'elle aime,

« L'Homme est rude et le prend sans savoir le donner.

« Un sacrifice illustre et fait pour étonner

« Rehausse mieux que l'or, aux yeux de ses pareilles,

« La beauté qui produit tant d'étranges merveilles

« Et d'un sang précieux sait arroser ses pas. »

— Donc ce que j'ai voulu, Seigneur, n'existe pas ! —

Celle à qui va l'amour et de qui vient la vie,

Celle-là, par orgueil, se fait notre ennemie.

La Femme est, à présent, pire que dans ces temps

Où, voyant les humains, Dieu dit : « Je me repens ! »

Bientôt, se retirant dans un hideux royaume,

La Femme aura Gomorrhe et l'Homme aura Sodome ;
Et se jetant, de loin, un regard irrité,
Les deux sexes mourront chacun de son côté.

Éternel ! Dieu des forts ! vous savez que mon âme
N'avait pour aliment que l'amour d'une femme,
Puisant dans l'amour seul plus de sainte vigueur
Que mes cheveux divins n'en donnaient à mon cœur.
— Jugez-nous. — La voilà sur mes pieds endormie.
Trois fois elle a vendu mes secrets et ma vie,
Et trois fois a versé des pleurs fallacieux
Qui n'ont pu me cacher la rage de ses yeux ;
Honteuse qu'elle était, plus encor qu'étonnée,
De se voir découverte ensemble et pardonnée ;
Car la bonté de l'Homme est forte, et sa douceur

Écrase, en l'absolvant, l'être faible et menteur.

Mais enfin je suis las. J'ai l'âme si pesante,
Que mon corps gigantesque et ma tête puissante
Qui soutiennent le poids des colonnes d'airain
Ne la peuvent porter avec tout son chagrin.
Toujours voir serpenter la vipère dorée
Qui se traîne en sa fange et s'y croit ignorée ;
Toujours ce compagnon dont le cœur n'est pas sûr,
La Femme, enfant malade et douze fois impur !
Toujours mettre sa force à garder sa colère
Dans son cœur offensé, comme en un sanctuaire
D'où le feu s'échappant irait tout dévorer.
Interdire à ses yeux de voir ou de pleurer.
C'est trop ! Dieu, s'il le veut, peut balayer ma cendre.

LA COLÈRE DE SAMSON.

J'ai donné mon secret, Dalila va le vendre.

Qu'ils seront beaux, les pieds de celui qui viendra

Pour m'annoncer la mort ! — Ce qui sera, sera ! »

Il dit et s'endormit près d'elle jusqu'à l'heure

Où les guerriers tremblants d'être dans sa demeure,

Payant au poids de l'or chacun de ses cheveux,

Attachèrent ses mains et brûlèrent ses yeux,

Le traînèrent sanglant et chargé d'une chaîne

Que douze grands taureaux ne tiraient qu'avec peine,

Le placèrent debout, silencieusement,

Devant Dagon, leur Dieu, qui gémit sourdement

Et deux fois, en tournant, recula sur sa base

Et fit pâlir deux fois ses prêtres en extase;

Allumèrent l'encens, dressèrent un festin

Dont le bruit s'entendait du mont le plus lointain;

Et près de la génisse aux pieds du Dieu tuée

Placèrent Dalila, pâle prostituée,

Couronnée, adorée et reine du repas,

Mais tremblante et disant : Il ne me verra pas !

Terre et ciel ! avez-vous tressailli d'allégresse

Lorsque vous avez vu la menteuse maîtresse

Suivre d'un œil hagard les yeux tachés de sang

Qui cherchaient le soleil d'un regard impuissant ?

Et quand enfin Samson, secouant les colonnes

Qui faisaient le soutien des immenses Pylônes,

LA COLÈRE DE SAMSON.

Écrasa d'un seul coup, sous les débris mortels,
Ses trois mille ennemis, leurs dieux et leurs autels?

Terre et ciel! punissez par de telles justices
La trahison ourdie en des amours factices,
Et la délation du secret de nos cœurs
Arraché dans nos bras par des baisers menteurs!

Écrit à Shavington (Angleterre), 7 avril 1839.

ID LOUP

LA MORT DU LOUP.

I

Les nuages couraient sur la lune enflammée
Comme sur l'incendie on voit fuir la fumée,
Et les bois étaient noirs jusques à l'horizon.
Nous marchions, sans parler, dans l'humide gazon,
Dans la bruyère épaisse et dans les hautes brandes,
Lorsque, sous des sapins pareils à ceux des landes,
Nous avons aperçu les grands ongles marqués

Par les loups voyageurs que nous avions traqués.

Nous avons écouté, retenant notre haleine

Et le pas suspendu. — Ni le bois ni la plaine

Ne poussaient un soupir dans les airs ; seulement

La girouette en deuil criait au firmament ;

Car le vent, élevé bien au-dessus des terres,

N'effleurait de ses pieds que les tours solitaires,

Et les chênes d'en bas, contre les rocs penchés,

Sur leurs coudes semblaient endormis et couchés.

Rien ne bruissait donc, lorsque, baissant la tête,

Le plus vieux des chasseurs qui s'étaient mis en quête

A regardé le sable en s'y couchant ; bientôt,

Lui que jamais ici l'on ne vit en défaut,

A déclaré tout bas que ces marques récentes

Annonçaient la démarche et les griffes puissantes

LA MORT DU LOUP.

De deux grands loups-cerviers et de deux louveteaux.
Nous avons tous alors préparé nos couteaux,
Et, cachant nos fusils et leurs lueurs trop blanches,
Nous allions pas à pas en écartant les branches.
Trois s'arrêtent, et moi, cherchant ce qu'ils voyaient,
J'aperçois tout à coup deux yeux qui flamboyaient,
Et je vois au delà quatre formes légères
Qui dansaient sous la lune au milieu des bruyères,
Comme font chaque jour, à grand bruit sous nos yeux,
Quand le maître revient, les lévriers joyeux.
Leur forme était semblable et semblable la danse;
Mais les enfants du Loup se jouaient en silence,
Sachant bien qu'à deux pas, ne dormant qu'à demi,
Se couche dans ses murs l'homme leur ennemi.
Le père était debout, et plus loin, contre un arbre,

Sa Louve reposait comme celle de marbre
Qu'adoraient les Romains, et dont les flancs velus
Couvaient les demi-dieux Rémus et Romulus.
Le Loup vient et s'assied, les deux jambes dressées.
Par leurs ongles crochus dans le sable enfoncées.
Il s'est jugé perdu, puisqu'il était surpris.
Sa retraite coupée et tous ses chemins pris;
Alors il a saisi, dans sa gueule brûlante.
Du chien le plus hardi la gorge pantelante.
Et n'a pas desserré ses mâchoires de fer,
Malgré nos coups de feu qui traversaient sa chair.
Et nos couteaux aigus qui, comme des tenailles,
Se croisaient en plongeant dans ses larges entrailles.
Jusqu'au dernier moment où le chien étranglé,
Mort longtemps avant lui, sous ses pieds a roulé.

LA MORT DU LOUP.

Le Loup le quitte alors et puis il nous regarde.
Les couteaux lui restaient au flanc jusqu'à la garde,
Le clouaient au gazon tout baigné dans son sang.
Nos fusils l'entouraient en sinistre croissant.
Il nous regarde encore, ensuite il se recouche,
Tout en léchant le sang répandu sur sa bouche,
Et, sans daigner savoir comment il a péri,
Refermant ses grands yeux, meurt sans jeter un cri.

II

J'ai reposé mon front sur mon fusil sans poudre,
Me prenant à penser, et n'ai pu me résoudre
A poursuivre sa Louve et ses fils qui, tous trois,
Avaient voulu l'attendre, et, comme je le crois,

Sans ses deux louveteaux, la belle et sombre veuve
Ne l'eût pas laissé seul subir la grande épreuve ;
Mais son devoir était de les sauver, afin
De pouvoir leur apprendre à bien souffrir la faim,
A ne jamais entrer dans le pacte des villes
Que l'homme a fait avec les animaux serviles
Qui chassent devant lui, pour avoir le coucher,
Les premiers possesseurs du bois et du rocher.

III

Hélas ! ai-je pensé, malgré ce grand nom d'Hommes,
Que j'ai honte de nous, débiles que nous sommes !
Comment on doit quitter la vie et tous ses maux,
C'est vous qui le savez, sublimes animaux !

LA MORT DU LOUP.

A voir ce que l'on fut sur terre et ce qu'on laisse,

Seul, le silence est grand; tout le reste est faiblesse.

— Ah! je t'ai bien compris, sauvage voyageur,

Et ton dernier regard m'est allé jusqu'au cœur ! .

Il disait : « Si tu peux, fais que ton âme arrive,

A force de rester studieuse et pensive,

Jusqu'à ce haut degré de stoïque fierté

Où, naissant dans les bois, j'ai tout d'abord monté.

Gémir, pleurer, prier, est également lâche.

Fais énergiquement ta longue et lourde tâche

Dans la voie où le sort a voulu t'appeler,

Puis après, comme moi, souffre et meurs sans parler. »

Écrit au château du M***.

1843.

LA FLUTE

LA FLUTE

Un jour je vis s'asseoir au pied de ce grand arbre
Un Pauvre qui posa sur ce vieux banc de marbre
Son sac et son chapeau, s'empressa d'achever
Un morceau de pain noir, puis se mit à rêver.
Il paraissait chercher dans les longues allées
Quelqu'un pour écouter ses chansons désolées;
Il suivait à regret la trace des passants
Rares et qui pressés s'en allaient en tous sens.
Avec eux s'enfuyait l'aumône disparue,

Prix douteux d'un lit dur en quelque étroite rue
Et d'un amer souper dans un logis malsain.
Cependant il tirait lentement de son sein,
Comme se préparait au martyre un apôtre,
Les trois parts d'une Flûte et liait l'une à l'autre,
Essayait l'embouchure à son menton tremblant,
Faisait mouvoir la clef, l'épurait en soufflant,
Sur ses genoux ployés frottait le bois d'ébène,
Puis jouait. — Mais son front en vain gonflait sa veine,
Personne autour de lui pour entendre et juger
L'humble acteur d'un public ingrat et passager.
J'approchais une main du vieux chapeau d'artiste,
Sans attendre un regard de son œil doux et triste
En ce temps de révolte et d'orgueil si rempli ;
Mais, quoique pauvre, il fut modeste et très-poli.

II

Il me fit un tableau de sa pénible vie,
Poussé par ce démon qui toujours nous convie,
Ayant tout essayé, rien ne lui réussit,
Et le chaos entier roulait dans son récit.
Ce n'était qu'élan brusque et qu'ambitions folles,
Qu'entreprise avortée et grandeur en paroles.

D'abord, à son départ, orgueil démesuré,
Gigantesque écriteau sur un front assuré,

Promené dans Paris d'une façon hautaine :
Bonaparte et Byron, poëte et capitaine,
Législateur aussi, chef de religion
(De tous les écoliers c'est la contagion).
Père d'un panthéisme orné de plusieurs choses,
De quelques âges d'or et des métempsycoses
De Bouddha, qu'en son cœur il croyait inventer ;
Il l'appliquait à tout, espérant importer
Sa révolution dans sa philosophie ;
Mais des contrebandiers notre âge se défie ;
Bientôt par nos fleurets le défaut est trouvé ;
D'un seul argument fin son ballon fut crevé.

Pour hisser sa nacelle il en gonfla bien d'autres
Que le vent dispersa. Fatigué des apôtres,

LA FLUTE.

Il dépouilla leur froc. (Lui-même le premier
Souriait tristement de cet air cavalier
Dont sa marche, au début, avait été fardée
Et, pour d'obscurs combats, si pesamment bardée;
Car, plus grave à présent, d'une double lueur
Semblait se réchauffer et s'éclairer son cœur;
Le bon Sens qui se voit, la Candeur qui l'avoue,
Coloraient en parlant les pâleurs de sa joue.)
Laissant donc les couvents, panthéistes ou non,
Sur la poupe d'un drame il inscrivit son nom
Et vogua sur ces mers aux trompeuses étoiles;
Mais, faute de savoir, il sombra sous ses voiles
Avant d'avoir montré son pavillon aux airs.
Alors rien devant lui que flots noirs et déserts;
L'océan du travail si chargé de tempêtes

Où chaque vague emporte et brise mille têtes.

Là, flottant quelques jours sans force et sans fanal,

Son esprit surnagea dans les plis d'un journal.

Radeau désespéré que trop souvent déploie

L'équipage affamé qui se perd et se noie.

Il s'y noya de même, et de même, ayant faim,

Fit ce que fait tout homme invalide et sans pain.

« Je gémis, disait-il, d'avoir une pauvre âme

Faible autant que serait l'âme de quelque femme,

Qui ne peut accomplir ce qu'elle a commencé

Et s'abat au départ sur tout chemin tracé.

L'idée à l'horizon est à peine entrevue,

Que sa lumière écrase et fait ployer ma vue.

Je vois grossir l'obstacle en invincible amas.

Je tombe ainsi que Paul en marchant vers Damas.

— Pourquoi, me dit la voix qu'il faut aimer et craindre,

Pourquoi me poursuis-tu, toi qui ne peux m'étreindre ?

— Et le rayon me trouble et la voix m'étourdit,

Et je demeure aveugle et je me sens maudit. »

III

« — Non, criai-je en prenant ses deux mains dans les miennes,

Ni dans les grandes lois des croyances anciennes,

Ni dans nos dogmes froids, forgés à l'atelier,

Entre le banc du maître et ceux de l'écolier,

Ces faux Athéniens dépourvus d'atticisme.

Qui nous soufflent aux yeux des bulles de sophisme,

N'ont découvert un mot par qui fût condamné

L'homme aveuglé d'esprit plus que l'aveugle-né.

C'est assez de souffrir sans se juger coupable

Pour avoir entrepris et pour être incapable.

J'aime, autant que le fort, le faible courageux

Qui lance un bras débile en des flots orageux,

De la glace d'un lac plonge dans la fournaise

Et d'un volcan profond va tourmenter la braise.

Ce Sisyphe éternel est beau, seul, tout meurtri,

Brûlé, précipité, sans jeter un seul cri,

Et n'avouant jamais qu'il saigne et qu'il succombe

A toujours ramasser son rocher qui retombe.

LA FLUTE.

Si, plus haut parvenus, de glorieux esprits
Vous dédaignent jamais, méprisez leur mépris;
Car ce sommet de tout, dominant toute gloire,
Ils n'y sont pas, ainsi que l'œil pourrait le croire.
On n'est jamais en haut. Les forts, devant leurs pas,
Trouvent un nouveau mont inaperçu d'en bas.
Tel que l'on croit complet et maître en toute chose
Ne dit pas les savoirs qu'à tort on lui suppose,
Et qu'il est tel grand but qu'en vain il entreprit.
— Tout homme a vu le mur qui borne son esprit.

Du corps et non de l'âme accusons l'indigence,
Des organes mauvais servent l'intelligence
Et touchent, en tordant et tourmentant leur nœud,
Ce qu'ils peuvent atteindre et non ce qu'elle veut.

En traducteurs grossiers de quelque auteur céleste

Ils parlent... Elle chante et désire le reste.

Et, pour vous faire ici quelque comparaison,

Regardez votre Flûte, écoutez-en le son.

Est-ce bien celui-là que voulait faire entendre

La lèvre? Était-il pas ou moins rude ou moins tendre?

Eh bien! c'est au bois lourd que sont tous les défauts,

Votre souffle était juste et votre chant est faux.

Pour moi, qui ne sais rien et vais du doute au rêve,

Je crois qu'après la mort, quand l'union s'achève,

L'âme retrouve alors la vue et la clarté,

Et que, jugeant son œuvre avec sérénité,

Comprenant sans obstacle et s'expliquant sans peine,

Comme ses sœurs du ciel elle est puissante et reine,

Se mesure au vrai poids, connaît visiblement

Que son souffle était faux par le faux instrument,

N'était ni glorieux ni vil, n'étant pas libre ;

Que le corps seulement empêchait l'équilibre ;

Et, calme, elle reprend, dans l'idéal bonheur,

La sainte égalité des esprits du Seigneur. »

IV

Le Pauvre alors rougit d'une joie imprévue,

Et contempla sa Flûte avec une autre vue ;

Puis, me connaissant mieux, sans craindre mon aspect,

Il la baisa deux fois en signe de respect.

Et joua, pour quitter ses airs anciens et tristes,

Ce *Salve Regina* que chantent les Trappistes.

Son regard attendri paraissait inspiré.

La note était plus juste et le souffle assuré.

LE MONT DES OLIVIERS

LE MONT DES OLIVIERS.

I

Alors il était nuit et Jésus marchait seul,
Vêtu de blanc ainsi qu'un mort de son linceul ;
Les disciples dormaient au pied de la colline.
Parmi les oliviers, qu'un vent sinistre incline,

Jésus marche à grands pas en frissonnant comme eux ;
Triste jusqu'à la mort, l'œil sombre et ténébreux,
Le front baissé, croisant les deux bras sur sa robe
Comme un voleur de nuit cachant ce qu'il dérobe ;
Connaissant les rochers mieux qu'un sentier uni,
Il s'arrête en un lieu nommé Gethsémani.
Il se courbe, à genoux, le front contre la terre ;
Puis regarde le ciel en appelant : « Mon père ! »
— Mais le ciel reste noir, et Dieu ne répond pas.
Il se lève étonné, marche encore à grands pas,
Froissant les oliviers qui tremblent. Froide et lente
Découle de sa tête une sueur sanglante.
Il recule, il descend, il crie avec effroi :
« Ne pourriez-vous prier et veiller avec moi ? »
Mais un sommeil de mort accable les apôtres.

LE MONT DES OLIVIERS.

Pierre à la voix du maître est sourd comme les autres.

Le Fils de l'Homme alors remonte lentement;

Comme un pasteur d'Égypte il cherche au firmament

Si l'Ange ne luit pas au fond de quelque étoile.

Mais un nuage en deuil s'étend comme le voile

D'une veuve, et ses plis entourent le désert.

Jésus, se rappelant ce qu'il avait souffert

Depuis trente-trois ans, devint homme, et la crainte

Serra son cœur mortel d'une invincible étreinte.

Il eut froid. Vainement il appela trois fois :

« Mon père! » — Le vent seul répondit à sa voix.

Il tomba sur le sable assis, et, dans sa peine,

Eut sur le monde et l'homme une pensée humaine.

— Et la terre trembla, sentant la pesanteur

Du Sauveur qui tombait aux pieds du Créateur.

II

Jésus disait : « O Père, encor laisse-moi vivre!
Avant le dernier mot ne ferme pas mon livre!
Ne sens-tu pas le monde et tout le genre humain
Qui souffre avec ma chair et frémit dans ta main?
C'est que la Terre a peur de rester seule et veuve
Quand meurt celui qui dit une parole neuve;
Et que tu n'as laissé dans son sein desséché

LE MONT DES OLIVIERS.

Tomber qu'un mot du ciel par ma bouche épanché.
Mais ce mot est si pur, et sa douceur est telle,
Qu'il a comme enivré la famille mortelle
D'une goutte de vie et de divinité,
Lorsqu'en ouvrant les bras j'ai dit : « Fraternité. »

— Père, oh! si j'ai rempli mon douloureux message,
Si j'ai caché le Dieu sous la face du sage,
Du sacrifice humain si j'ai changé le prix,
Pour l'offrande des corps recevant les esprits,
Substituant partout aux choses le symbole,
La parole au combat, comme au trésor l'obole,
Aux flots rouges du sang les flots vermeils du vin,
Aux membres de la chair le pain blanc sans levain;
Si j'ai coupé les temps en deux parts, l'une esclave

Et l'autre libre; — au nom du passé que je lave,

Par le sang de mon corps qui souffre et va finir :

Versons-en la moitié pour laver l'avenir !

Père libérateur ! jette aujourd'hui, d'avance,

La moitié de ce sang d'amour et d'innocence

Sur la tête de ceux qui viendront en disant :

« Il est permis pour tous de tuer l'innocent. »

Nous savons qu'il naîtra, dans le lointain des âges,

Des dominateurs durs escortés de faux sages

Qui troubleront l'esprit de chaque nation

En donnant un faux sens à ma rédemption.

— Hélas ! je parle encor que déjà ma parole

Est tournée en poison dans chaque parabole ;

Éloigne ce calice impur et plus amer

Que le fiel, ou l'absinthe, ou les eaux de la mer.

LE MONT DES OLIVIERS.

Les verges qui viendront, la couronne d'épine,
Les clous des mains, la lance au fond de ma poitrine,
Enfin toute la croix qui se dresse et m'attend,
N'ont rien, mon Père, oh! rien qui m'épouvante autant!

Quand les Dieux veulent bien s'abattre sur les mondes,
Ils n'y doivent laisser que des traces profondes,
Et si j'ai mis le pied sur ce globe incomplet,
Dont le gémissement sans repos m'appelait,
C'était pour y laisser deux Anges à ma place
De qui la race humaine aurait baisé la trace,
La Certitude heureuse et l'Espoir confiant
Qui, dans le paradis, marchent en souriant.
Mais je vais la quitter, cette indigente terre,
N'ayant que soulevé ce manteau de misère

Qui l'entoure à grands plis, drap lugubre et fatal,
Que d'un bout tient le Doute et de l'autre le Mal.

Mal et Doute! En un mot je puis les mettre en poudre.
Vous les aviez prévus, laissez-moi vous absoudre
De les avoir permis. — C'est l'accusation
Qui pèse de partout sur la création ! —
Sur son tombeau désert faisons monter Lazare.
Du grand secret des morts qu'il ne soit plus avare.
Et de ce qu'il a vu donnons-lui souvenir;
Qu'il parle. — Ce qui dure et ce qui doit finir.
Ce qu'a mis le Seigneur au cœur de la Nature.
Ce qu'elle prend et donne à toute créature,
Quels sont avec le ciel ses muets entretiens,
Son amour ineffable et ses chastes liens;

LE MONT DES OLIVIERS.

Comment tout s'y détruit et tout s'y renouvelle.

Pourquoi ce qui s'y cache et ce qui s'y révèle;

Si les astres des cieux tour à tour éprouvés

Sont comme celui-ci coupables et sauvés;

Si la terre est pour eux ou s'ils sont pour la terre;

Ce qu'a de vrai la fable et de clair le mystère.

D'ignorant le savoir et de faux la raison;

Pourquoi l'âme est liée en sa faible prison;

Et pourquoi nul sentier entre deux larges voies.

Entre l'ennui du calme et des paisibles joies

Et la rage sans fin des vagues passions.

Entre la léthargie et les convulsions;

Et pourquoi pend la Mort comme une sombre épée

Attristant la Nature à tout moment frappée;

Si le juste et le bien, si l'injuste et le mal

Sont de vils accidents en un cercle fatal,

Ou si de l'univers ils sont les deux grands pôles,

Soutenant terre et cieux sur leurs vastes épaules ;

Et pourquoi les Esprits du mal sont triomphants

Des maux immérités de la mort des enfants ;

Et si les Nations sont des femmes guidées

Par les étoiles d'or des divines idées,

Ou de folles enfants sans lampes dans la nuit,

Se heurtant et pleurant et que rien ne conduit ;

Et si, lorsque des temps l'horloge périssable

Aura jusqu'au dernier versé ses grains de sable,

Un regard de vos yeux, un cri de votre voix,

Un soupir de mon cœur, un signe de ma croix,

Pourra faire ouvrir l'ongle aux Peines éternelles,

Lâcher leur proie humaine et reployer leurs ailes ;

— Tout sera révélé dès que l'homme saura

De quels lieux il arrive et dans quels il ira. »

III

Ainsi le divin Fils parlait au divin Père.

Il se prosterne encore, il attend, il espère,

Mais il remonte et dit : « Que votre volonté

Soit faite et non la mienne, et pour l'éternité. »

Une terreur profonde, une angoisse infinie

Redoublent sa torture et sa lente agonie.

Il regarde longtemps, longtemps cherche sans voir.

Comme un marbre de deuil tout le ciel était noir,
La Terre, sans clartés, sans astre et sans aurore,
Et sans clartés de l'âme ainsi qu'elle est encore,
Frémissait. — Dans le bois il entendit des pas,
Et puis il vit rôder la torche de Judas.

LE SILENCE.

S'il est vrai qu'au Jardin sacré des Écritures,
Le Fils de l'Homme ait dit ce qu'on voit rapporté,
Muet, aveugle et sourd au cri des créatures,

Si le Ciel nous laissa comme un monde avorté,
Le juste opposera le dédain à l'absence
Et ne répondra plus que par un froid silence
Au silence éternel de la Divinité.

2 avril 1862.

LA BOUTEILLE A LA MER

LA BOUTEILLE A LA MER.

CONSEIL A UN JEUNE HOMME INCONNU.

I

Courage, ô faible enfant, de qui ma solitude

Reçoit ces chants plaintifs, sans nom, que vous jetez

Sous mes yeux ombragés du camail de l'étude.

Oubliez les enfants par la mort arrêtés;

Oubliez Chatterton, Gilbert et Malfilâtre;

De l'œuvre d'avenir saintement idolâtre.

Enfin oubliez l'homme en vous-même. — Écoutez :

II

Quand un grave Marin voit que le vent l'emporte
Et que les mâts brisés pendent tous sur le pont,
Que dans son grand duel la mer est la plus forte
Et que par des calculs l'esprit en vain répond ;
Que le courant l'écrase et le roule en sa course,
Qu'il est sans gouvernail et partant sans ressource,
Il se croise les bras dans un calme profond.

III

Il voit les masses d'eau, les toise et les mesure,
Les méprise en sachant qu'il en est écrasé,

Soumet son âme au poids de la matière impure
Et se sent mort ainsi que son vaisseau rasé.
— A de certains moments l'âme est sans résistance;
Mais le penseur s'isole et n'attend d'assistance
Que de la forte foi dont il est embrasé.

IV

Dans les heures du soir, le jeune Capitaine
A fait ce qu'il a pu pour le salut des siens.
Nul vaisseau n'apparaît sur la vague lointaine.
La nuit tombe, et le brick court aux rocs indiens.
— Il se résigne, il prie; il se recueille, il pense
A celui qui soutient les pôles et balance
L'équateur hérissé des longs méridiens.

V

Son sacrifice est fait; mais il faut que la terre
Recueille du travail le pieux monument.
C'est le journal savant, le calcul solitaire,
Plus rare que la perle et que le diamant;
C'est la carte des flots faite dans la tempête,
La carte de l'écueil qui va briser sa tête :
Aux voyageurs futurs sublime testament.

VI

Il écrit : « Aujourd'hui, le courant nous entraîne,
Désemparés, perdus, sur la Terre-de-Feu.
Le courant porte à l'est. Notre mort est certaine :

Il faut cingler au nord pour bien passer ce lieu.

— Ci-joint est mon journal, portant quelques études

Des constellations des hautes latitudes.

Qu'il aborde, si c'est la volonté de Dieu ! »

VII

Puis immobile et froid, comme le cap des brumes

Qui sert de sentinelle au détroit Magellan,

Sombre comme ces rocs au front chargé d'écumes [1],

Ces pics noirs dont chacun porte un deuil castillan,

Il ouvre une Bouteille et la choisit très-forte,

Tandis que son vaisseau que le courant emporte

Tourne en un cercle étroit comme un vol de milan.

1. Les pics San-Diego, San-Ildefonso.

VIII

Il tient dans une main cette vieille compagne,
Ferme, de l'autre main, son flanc noir et terni.
Le cachet porte encor le blason de Champagne.
De la mousse de Reims son col vert est jauni.
D'un regard, le marin en soi-même rappelle
Quel jour il assembla l'équipage autour d'elle,
Pour porter un grand toste au pavillon béni.

IX

On avait mis en panne, et c'était grande fête ;
Chaque homme sur son mât tenait le verre en main ;

Chacun à son signal se découvrit la tête,

Et répondit d'en haut par un hourra soudain.

Le soleil souriant dorait les voiles blanches ;

L'air ému répétait ces voix mâles et franches,

Ce noble appel de l'homme à son pays lointain.

X

Après le cri de tous, chacun rêve en silence.

Dans la mousse d'Aï luit l'éclair d'un bonheur ;

Tout au fond de son verre il aperçoit la France.

La France est pour chacun ce qu'y laissa son cœur :

L'un y voit son vieux père assis au coin de l'âtre,

Comptant ses jours d'absence ; à la table du pâtre,

Il voit sa chaise vide à côté de sa sœur.

XI

Un autre y voit Paris, où sa fille penchée
Marque avec le compas tous les souffles de l'air,
Ternit de pleurs la glace où l'aiguille est cachée,
Et cherche à ramener l'aimant avec le fer.
Un autre y voit Marseille. Une femme se lève,
Court au port et lui tend un mouchoir de la grève,
Et ne sent pas ses pieds enfoncés dans la mer.

XII

O superstition des amours ineffables,
Murmures de nos cœurs qui nous semblez des voix,

Calculs de la science, ô décevantes fables !
Pourquoi nous apparaître en un jour tant de fois ?
Pourquoi vers l'horizon nous tendre ainsi des piéges ?
Espérances roulant comme roulent les neiges ;
Globes toujours pétris et fondus sous nos doigts !

XIII

Où sont-ils à présent ? Où sont ces trois cents braves ?
Renversés par le vent dans les courants maudits.
Aux harpons indiens ils portent pour épaves
Leurs habits déchirés sur leurs corps refroidis.
Les savants officiers, la hache à la ceinture,
Ont péri les premiers en coupant la mâture :
Ainsi, de ces trois cents, il n'en reste que dix !

XIV

Le capitaine encor jette un regard au pôle
Dont il vient d'explorer les détroits inconnus.
L'eau monte à ses genoux et frappe son épaule ;
Il peut lever au ciel l'un de ses deux bras nus.
Son navire est coulé, sa vie est révolue :
Il lance la Bouteille à la mer, et salue
Les jours de l'avenir qui pour lui sont venus.

XV

Il sourit en songeant que ce fragile verre
Portera sa pensée et son nom jusqu'au port ;

Que d'une île inconnue il agrandit la terre;

Qu'il marque un nouvel astre et le confie au sort;

Que Dieu peut bien permettre à des eaux insensées

De perdre des vaisseaux, mais non pas des pensées,

Et qu'avec un flacon il a vaincu la mort.

XVI

Tout est dit. A présent que Dieu lui soit en aide!

Sur le brick englouti l'onde a pris son niveau.

Au large flot de l'est le flot de l'ouest succède,

Et la Bouteille y roule en son vaste berceau.

Seule dans l'Océan la frêle passagère

N'a pas pour se guider une brise légère;

Mais elle vient de l'arche et porte le rameau.

XVII

Les courants l'emportaient, les glaçons la retiennent
Et la couvrent des plis d'un épais manteau blanc.
Les noirs chevaux de mer la heurtent, puis reviennent
La flairer avec crainte, et passent en soufflant.
Elle attend que l'été, changeant ses destinées,
Vienne ouvrir le rempart des glaces obstinées,
Et vers la ligne ardente elle monte en roulant.

XVIII

Un jour, tout était calme, et la mer Pacifique,
Par ses vagues d'azur, d'or et de diamant,

Renvoyait ses splendeurs au soleil du tropique.
Un navire y passait majestueusement.
Il a vu la Bouteille aux gens de mer sacrée :
Il couvre de signaux sa flamme diaprée,
Lance un canot en mer et s'arrête un moment.

XIX

Mais on entend au loin le canon des Corsaires ;
Le Négrier va fuir s'il peut prendre le vent.
Alerte ! et coulez bas ces sombres adversaires !
Noyez or et bourreaux du couchant au levant !
La Frégate reprend ses canots et les jette
En son sein, comme fait la sarigue inquiète,
Et par voile et vapeur vole et roule en avant.

XX

Seule dans l'Océan, seule toujours ! — Perdue
Comme un point invisible en un mouvant désert,
L'aventurière passe errant dans l'étendue,
Et voit tel cap secret qui n'est pas découvert.
Tremblante voyageuse à flotter condamnée,
Elle sent sur son col que depuis une année
L'algue et les goëmons lui font un manteau vert.

XXI

Un soir enfin, les vents qui soufflent des Florides
L'entraînent vers la France et ses bords pluvieux.

Un pêcheur accroupi sous des rochers arides
Tire dans ses filets le flacon précieux.
Il court, cherche un Savant et lui montre sa prise,
Et, sans l'oser ouvrir, demande qu'on lui dise
Quel est cet élixir noir et mystérieux.

XXII

Quel est cet élixir? Pêcheur, c'est la science.
C'est l'élixir divin que boivent les esprits,
Trésor de la pensée et de l'expérience;
Et si tes lourds filets, ô pêcheur, avaient pris
L'or qui toujours serpente aux veines du Mexique,
Les diamants de l'Inde et les perles d'Afrique,
Ton labeur de ce jour aurait eu moins de prix.

XXIII

Regarde. — Quelle joie ardente et sérieuse !
Une gloire de plus luit sur la nation.
Le canon tout-puissant et la cloche pieuse
Font sur les toits tremblants bondir l'émotion.
Aux héros du savoir plus qu'à ceux des batailles
On va faire aujourd'hui de grandes funérailles.
Lis ce mot sur les murs : « Commémoration ! »

XXIV

Souvenir éternel ! gloire à la découverte
Dans l'homme ou la nature égaux en profondeur,

Dans le Juste et le Bien, source à peine entr'ouverte,
Dans l'Art inépuisable, abîme de splendeur !
Qu'importe oubli, morsure, injustice insensée,
Glaces et tourbillons de notre traversée ?
Sur la pierre des morts croît l'arbre de grandeur.

XXV

Cet arbre est le plus beau de la terre promise,
C'est votre phare à tous, Penseurs laborieux !
Voguez sans jamais craindre ou les flots ou la brise
Pour tout trésor scellé du cachet précieux.
L'or pur doit surnager, et sa gloire est certaine ;
Dites en souriant comme ce Capitaine :
« Qu'il aborde, si c'est la volonté des Dieux ! »

XXVI

Le vrai Dieu, le Dieu fort est le Dieu des idées.

Sur nos fronts où le germe est jeté par le sort,

Répandons le Savoir en fécondes ondées ;

Puis, recueillant le fruit tel que de l'âme il sort,

Tout empreint du parfum des saintes solitudes,

Jetons l'œuvre à la mer, la mer des multitudes :

— Dieu la prendra du doigt pour la conduire au port.

Au Maine-Giraud, octobre 1853.

WANDA

WANDA.

HISTOIRE RUSSE.

CONVERSATION AU BAL A PARIS.

I

UN FRANÇAIS.

Qui donc vous a donné ces bagues enchantées
Que vous ne touchez pas sans un air de douleur?
Vos mains, par ces rubis, semblent ensanglantées.
Ces cachets grecs, ces croix, souvenirs d'un malheur.

Sont-ils chers et cruels? sont-ils expiatoires?
Le pays des Ivans a seul ces perles noires,
D'une contrée en deuil symboles sans couleur.

II

WANDA, grande dame russe.

Celle qui m'a donné ces ornements de fête,
Ce cachet dont un Czar fut le seul possesseur,
Ces diamants en feu qui tremblent sur ma tête,
Ces reliques sans prix d'un saint intercesseur,
Ces rubis, ces saphirs qui chargent ma ceinture,
Ce bracelet qu'émaille une antique peinture,
Ces talismans sacrés, c'est l'esclave ma sœur.

III

Car elle était princesse, et maintenant qu'est-elle?

Nul ne l'oserait dire et n'ose le savoir.

On a rayé le nom dont le monde l'appelle.

Elle n'est qu'une femme et mange le pain noir.

Le pain qu'à son mari donne la Sibérie;

Et parmi les mineurs s'assied pâle et flétrie,

Et boit chaque matin les larmes du devoir.

IV

En ce temps-là, ma sœur, sur le seuil de sa porte,

Nous dit : « Vivez en paix, je vais garder ma foi.

« Gardez ces vanités ; au monde je suis morte.

« Puisque le seul que j'aime est mort devant la loi.

« Des splendeurs de mon front conservez les ruines.

« Je le suivrai partout, jusques au fond des mines ;

« Vous qui savez aimer, vous feriez comme moi.

V

« L'empereur tout-puissant, qui voit d'en haut les choses,

« Du prince mon seigneur voulut faire un forçat.

« Dieu seul peut réviser un jour ces grandes causes

« Entre le souverain, le sujet et l'État.

« Pour moi, je porterai mes fils sur mon épaule

« Tandis que mon mari, sur la route du pôle,

« Marche et traîne un boulet, conduit par un soldat.

VI

« La fatigue a courbé sa poitrine écrasée ;

« Le froid gonfle ses pieds dans des chemins mauvais ;

« La neige tombe en flots sur sa tête rasée ;

« Il brise les glaçons sur le bord des marais.

« Lui de qui les aïeux s'élisaient pour l'empire,

« Répond : Serge, au camp même où tous leur disaient : Sire.

« Comment puis-je, à Moscou, dormir dans mon palais ?

VII

« Prenez donc, ô mes sœurs, ces signes de mollesse.

« J'irai dans les caveaux, dans l'air empoisonneur.

« Conservant seulement, de toute ma richesse,

« L'aiguille et le marteau pour luxe et pour honneur;

« Et puisqu'il est écrit que la race des Slaves

« Doit porter et le joug et le nom des esclaves,

« Je descendrai vivante au tombeau du mineur.

VIII

« Là, j'aurai soin d'user ma vie avec la sienne,

« Je soutiendrai ses bras quand il prendra l'essieu.

« Je briserai mon corps pour que rien ne retienne

« Mon âme quand son âme aura monté vers Dieu;

« Et bientôt, nous tirant des glaces éternelles,

« L'ange de mort viendra nous prendre sous ses ailes

« Pour nous porter ensemble aux chaleurs du ciel bleu. »

IX

Et ce qu'elle avait dit, ma sœur l'a bien su faire;
Elle a tissé le lin, et de ses écheveaux
Espère en vain former son linceul mortuaire;
Et depuis vingt hivers achève vingt travaux,
Calculant jour par jour, sur ses mains enchaînées,
Les grains du chapelet de ses sombres années.
Quatre enfants ont grandi dans l'ombre des caveaux.

X

Leurs yeux craignent le jour quand sa lumière pâle
Trois fois dans une année éclaire leur pâleur.

Comme pour les agneaux, la brebis et le mâle
Sont parqués à la fois par le mauvais pasteur.
La mère eût bien voulu qu'on leur apprît à lire,
Puisqu'ils portaient le nom des princes de l'empire
Et n'ont rien fait encor qui blesse l'Empereur.

XI

Un jour de fête on a demandé cette grâce
Au Czar toujours affable et clément souverain,
Lorsqu'au front des soldats seul il passe et repasse.
Après dix ans d'attente il répondit enfin :
« Un esclave a besoin d'un marteau, non d'un livre ;
La lecture est fatale à ceux-là qui, pour vivre,
Doivent avoir bon bras pour gagner un bon pain. »

XII

Ce mot fut un couteau pour le cœur de la mère;

Avant qu'il ne fût dit, quand s'asseyait ma sœur,

Ses larmes sillonnaient la neige sur la terre,

Tombant devant ses pieds, non sans quelque douceur.

Mais aujourd'hui, sans pleurs, elle passe l'année

A regarder ses fils d'une vue étonnée;

Ses yeux secs sont glacés d'épouvante et d'horreur!

XIII

LE FRANÇAIS.

Wanda, j'écoute encore après votre silence;

J'ai senti sur mon cœur peser ce doigt d'airain

Qui porte au bout du monde à toute âme qui pense

Les épouvantements du fatal souverain.

Cet homme enseveli vivant avec sa femme,

Ces esclaves enfants dont on va tuer l'âme,

Est-ce de notre siècle ou du temps d'Ugolin?

XIV

Non, non, il n'est pas vrai que le peuple en tout âge.

Lui seul ait travaillé, lui seul ait combattu;

Que l'immolation, la force et le courage

N'habitent pas un cœur de velours revêtu.

Plus belle était la vie et plus grande est sa perte,

Plus pur est le calice où l'hostie est offerte.

Sacrifice, ô toi seul peut-être es la vertu!

XV

Tandis que vous parliez je sentais dans mes veines
Les imprécations bouillonner sourdement.
Vous ne maudissez pas, ô vous, femmes romaines!
Vous traînez votre joug silencieusement.
Éponines du Nord, vous dormez dans vos tombes,
Vous soutenez l'esclave au fond des catacombes
D'où vous ne sortirez qu'au dernier jugement.

XVI

Peuple silencieux, souverain gigantesque!
Lutteurs de fer toujours muets et combattants!

Pierre avait commencé ce duel romanesque :
Le verrons-nous finir? Est-il de notre temps?
Le dompteur est debout nuit et jour et surveille
Le dompté qui se tait jusqu'à ce qu'il s'éveille.
Se regardant l'un l'autre ainsi que deux Titans.

XVII

En bas, le peuple voit de son œil de Tartare
Ses seigneurs révoltés, combattus par ses Czars,
Aiguise sur les pins sa hache et la prépare
A peser tout son poids dans les futurs hasards.
En haut, seul, l'Empereur sur la Russie entière
Promène en galopant l'autre hache dont Pierre
Abattit de sa main les têtes de Boyards.

XVIII

Une nuit on a vu ces deux larges cognées
Se heurter, se porter des coups profonds et lourds.
Les hommes sont tombés, les femmes résignées
Ont marché dans la neige à la voix des tambours,
Et, comme votre sœur, ont d'une main meurtrie
Bercé leurs fils au bord des lacs de Sibérie,
Et cherché pour dormir la tanière des ours.

XIX

Et ces femmes sans peur, ces reines détrônées,
Dédaignent de se plaindre et s'en vont au désert

Sans détourner les yeux, sans même être étonnées
En passant sous la porte où tout espoir se perd.
A voir leur front si calme, on croirait qu'elles savent
Que leurs ans, jour par jour, par avance se gravent
Sur un livre éternel devant le Czar ouvert.

XX

Quel signe formidable a-t-il au front, cet homme?
Qui donc ferma son cœur des trois cercles de fer
Dont s'étaient cuirassés les empereurs de Rome
Contre les cris de l'âme et les cris de la chair?
Croit-on parmi vos serfs qu'à la fin il se lasse
De semer les martyrs sur la neige et la glace,
D'entasser les damnés dans un terrestre enfer?

XXI

S'il était vrai qu'il eût au fond de sa poitrine
Un cœur de père ému des pâleurs d'un enfant,
Qu'assis près de sa fille à la beauté divine
Il eût les yeux en pleurs, l'air doux et triomphant,
Qu'il eût pour rêve unique et désir de son âme
Quelques jours de repos pour emporter sa femme
Sous les soleils du Sud qui réchauffent le sang;

XXII

S'il était vrai qu'il eût conduit hors du servage
Un peuple tout entier de sa main racheté,

Créant le pasteur libre et créant le village

Où l'esclave tartare avait seul existé.

Pareil au voyageur dont la richesse est fière

D'acheter mille oiseaux et d'ouvrir la volière

Pour leur rendre à la fois l'air et la liberté ;

XXIII

Il aurait déjà dit : « J'ai pitié, je fais grâce ;

L'ancien crime est lavé par les martyrs nouveaux ; »

Sa voix aurait trois fois répété dans l'espace,

Comme la voix de l'ange ouvrant les derniers sceaux.

Devant les nations surprises, attentives,

Devant la race libre et les races captives :

« La brebis m'a vaincu par le sang des agneaux. »

XXIV

Mais il n'a point parlé, mais cette année encore

Heure par heure en vain lentement tombera.

Et la neige sans bruit, sur la terre incolore,

Aux pieds des exilés nuit et jour gèlera.

Silencieux devant son armée en silence,

Le Czar, en mesurant la cuirasse et la lance,

Passera sa revue et toujours se taira.

5 novembre 1847.

DIX ANS APRÈS.

UN BILLET DE WANDA

AU MÊME FRANÇAIS

A PARIS.

De Tobolsk en Sibérie.

Le 21 octobre 1855, jour de la bataille de l'Alma.

Vous disiez vrai. Le Czar s'est tu. — Ma sœur est morte.

Les serfs de Sibérie ont porté le cercueil,

Et les fils de la sainte et de la femme forte

Comme esclaves suivaient, sans nom, sans rang, sans deuil.

La cloche seule émeut la ville inanimée.

Mais, au sud, le canon s'entend vers la Crimée.

Et c'est au cœur de l'ours que Dieu frappe l'orgueil.

SECOND BILLET DE WANDA

AU MÊME FRANÇAIS.

De Tobolsk en Sibérie.

Après la prise du fort Malakof.

Sébastopol détruit n'est plus. — L'aigle de France
L'a rasé de la terre, et le Czar étonné
Est mort de rage. — On dit que la balance immense
Du Seigneur a paru quand la foudre a tonné.
— La sainte la tenait flottante dans l'espace.
L'épouse, la martyre a peut-être fait grâce,
Dieu du ciel! — Mais la mère a-t-elle pardonné?

L'ESPRIT PUR

L'ESPRIT PUR.

A ÉVA.

I

Si l'orgueil prend ton cœur quand le peuple me nomme,

Que de mes livres seuls te vienne ta fierté.

J'ai mis sur le cimier doré du gentilhomme

Une plume de fer qui n'est pas sans beauté.

J'ai fait illustre un nom qu'on m'a transmis sans gloire.

Qu'il soit ancien, qu'importe? Il n'aura de mémoire

Que du jour seulement où mon front l'a porté.

II

Dans le caveau des miens plongeant mes pas nocturnes,
J'ai compté mes aïeux, suivant leur vieille loi.
J'ouvris leurs parchemins, je fouillai dans leurs urnes
Empreintes sur le flanc des sceaux de chaque roi.
A peine une étincelle a relui dans leur cendre.
C'est en vain que d'eux tous le sang m'a fait descendre;
Si j'écris leur histoire, ils descendront de moi.

III

Ils furent opulents, seigneurs de vastes terres,
Grands chasseurs devant Dieu, comme Nemrod, jaloux

Des beaux cerfs qu'ils lançaient des bois héréditaires

Jusqu'où voulait la mort les livrer à leurs coups;

Suivant leur forte meute à travers deux provinces,

Coupant les chiens du Roi, déroutant ceux des princes,

Forçant les sangliers et détruisant les loups;

IV

Galants guerriers sur terre et sur mer, se montrèrent

Gens d'honneur en tout temps, comme en tous lieux, cherchant

De la Chine au Pérou les Anglais, qu'ils brûlèrent

Sur l'eau qu'ils écumaient du levant au couchant;

Puis, sur leur talon rouge, en quittant les batailles,

Parfumés et blessés revenaient à Versailles

Jaser à l'Œil-de-bœuf avant de voir leur champ.

V

Mais les champs de la Beauce avaient leurs cœurs, leurs âmes.
Leurs soins. Ils les peuplaient d'innombrables garçons.
De filles qu'ils donnaient aux chevaliers pour femmes,
Dignes de suivre en tout l'exemple et les leçons;
Simples et satisfaits si chacun de leur race
Apposait saint Louis en croix sur sa cuirasse,
Comme leurs vieux portraits qu'aux murs noirs nous plaçons.

VI

Mais aucun, au sortir d'une rude campagne,
Ne sut se recueillir, quitter le destrier,

Dételer pour un jour ses palefrois d'Espagne,

Ni des coursiers de chasse enlever l'étrier

Pour graver quelque page et dire en quelque livre

Comme son temps vivait et comment il sut vivre,

Dès qu'ils n'agissaient plus, se hâtant d'oublier.

VII

Tous sont morts en laissant leur nom sans auréole ;

Mais sur le disque d'or voilà qu'il est écrit,

Disant : « Ici passaient deux races de la Gaule

« Dont le dernier vivant monte au temple et s'inscrit,

« Non sur l'obscur amas des vieux noms inutiles,

« Des orgueilleux méchants et des riches futiles,

« Mais sur le pur tableau des livres de l'ESPRIT. »

VIII

Ton règne est arrivé, PUR ESPRIT, roi du monde !
Quand ton aile d'azur dans la nuit nous surprit,
Déesse de nos mœurs, la guerre vagabonde
Régnait sur nos aïeux. Aujourd'hui c'est l'ÉCRIT,
L'ÉCRIT UNIVERSEL, parfois impérissable,
Que tu graves au marbre ou traînes sur le sable,
Colombe au bec d'airain ! VISIBLE SAINT-ESPRIT !

IX

Seul et dernier anneau de deux chaînes brisées,
Je reste. Et je soutiens encor dans les hauteurs,
Parmi les maîtres purs de nos savants musées,

L'ESPRIT PUR.

L'idéal du poëte et des graves penseurs.

J'éprouve sa durée en vingt ans de silence,

Et toujours, d'âge en âge encor, je vois la France

Contempler mes tableaux et leur jeter des fleurs.

X

Jeune postérité d'un vivant qui vous aime !

Mes traits dans vos regards ne sont pas effacés ;

Je peux en ce miroir *me connaître moi-même,*

Juge toujours nouveau de nos travaux passés !

Flots d'amis renaissants ! Puissent mes destinées

Vous amener à moi, de dix en dix années,

Attentifs à mon œuvre, et pour moi c'est assez !

10 mars 1863.

NOTE

NOTE

POUR LE POËME DE WANDA.

LA RUSSIE ET LES RUSSES

PAR N. TOURGUENEF.

(Tome Ier, page 104.)

... Ce sont les femmes surtout qui, dans cette circonstance comme toujours, ont agi le plus éloquemment.

Une d'entre elles, belle et accomplie, appartenant à une famille illustre, et nouvellement mariée à un des condamnés, N. M. (je crois Nicolas Mouravief), n'hésita pas un moment à le suivre en Sibérie, où son propre frère fut aussi envoyé. Là, elle donna le jour à un enfant.

La rigueur du climat, dans l'endroit où elle se trouvait, était très-défavorable à cette pauvre créature et à la mère elle-même.

Pendant longtemps on sollicita pour cette famille la faveur d'être envoyée ailleurs, même dans cette affreuse Sibérie; ce fut toujours en vain. — La mort vint mettre un terme aux souffrances de cette femme héroïque.

Une autre, la jeune et riche épouse du prince Tr... (je pense Troubetzkoï), au moment où l'arrêt qui condamnait son mari lui fut connu, déclara qu'elle le suivrait et accomplit sa résolution, malgré *l'opposition* de ses parents, qui n'étaient que des courtisans.

Un jeune Français, qui se trouvait attaché comme secrétaire particulier au comte L. (peut-être Laval), père de madame T..., pensant aux difficultés qu'aurait pour elle un pareil voyage, l'accompagna également.

Il revint bientôt en France et put donner quelques renseignements sur la position des exilés. Lorsqu'elle fut arrivée à destination, on dit à la princesse Tr... que, son mari devant rester prisonnier, elle pourrait se loger dans une maison particulière et qu'elle aurait la permission de le voir une ou deux fois par semaine.

NOTE.

Elle persista à vouloir entrer elle-même en prison pour être toujours auprès de lui.

On lui représenta vainement que, dans ce cas, elle ne pourrait conserver auprès d'elle personne pour la servir. — Elle accepta toutes ces conditions et continua longtemps à remplir elle-même les pénibles devoirs d'un ménage de prison.

(Tome III, page 16.)

... Que la Russie, poussée nécessairement vers la civilisation européenne, n'y a choisi avec ardeur que les formes et les usages superficiels.

(Même tome, page 38.)

L'esclavage et la Pologne, obstacles à la civilisation en Russie.

FIN.

TABLE

TABLE

	Pages
Les Destinées.	1
La Maison du Berger.	15
Les Oracles.	43
La Sauvage.	59
La Colère de Samson.	79
La Mort du Loup.	93
La Flute.	103
Le Mont des Oliviers.	117
La Bouteille a la mer.	133
Wanda.	153
L'Esprit pur.	177
Note.	187

www.ingramcontent.com/pod-product-compliance
Lightning Source LLC
Chambersburg PA
CBHW071949110426
42744CB00030B/656